INHALT

SKATEPARK IM GARTEN
VINCENT UND JOSHI HABEN ENDLICH FERIEN. GLEICH AM ERSTEN TAG GEHT'S LOS AUFS SKATEBOARD UND AB DURCH DIE STRASSEN.
OH, WAS SIND DAS FÜR SACHEN?
DAS IST JA EINE ÜBERRASCHUNG. IRGENDJEMAND HAT GANZ VIELE MÖBEL UND ANDERE SACHEN AUF DIE STRASSE GESTELLT. WAS FÜR EIN GLÜCK, KOMMEN VINCENT UND JOSHI GRADE RECHTZEITIG VORBEI.

„WER WIRFT SO ETWAS PRAKTISCHES DENN WEG?“, DENKT SICH JOSHI.

DIE BEIDEN SCHNAPPEN SICH ALLES, WAS SIE BRAUCHEN KÖNNEN, AUS DER SOEBEN ENTDECKTEN FUNDGRUBE. DIE BRETTER SIND ZWAR SCHWER, ABER DAFÜR AUCH RICHTIG STABIL. ZUM GLÜCK HAT JOSHI SCHON EINEN SUPER PLAN, WAS SIE MIT DEN SCHÄTZEN MACHEN KÖNNTEN.

ERST MAL ALLES ZU VINCENT IN DEN GARTEN, DENN DORT IST VIEL PLATZ. SO VIEL PLATZ, DASS SICH EIN KLEINER SKATEPARK BAUEN LÄSST.

ALLES IST BEREIT UND ES KANN LOSGEHEN.

„ICH FAHR ZUERST!", RUFT JOSHI UND SCHON STEHT ER AUF DER SELBST GEBAUTEN RAMPE.
HUIII! - SAUST ER INS GRAS UND LANDET AUF DER NASE.

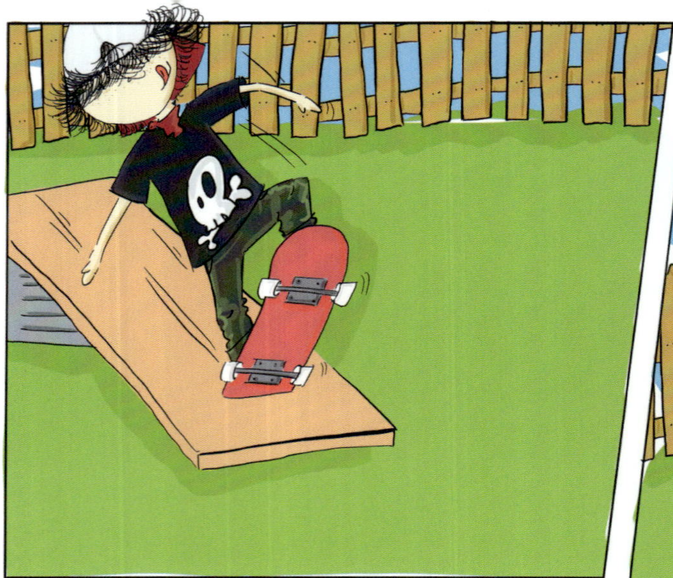

DER NACHMITTAG VERGEHT WIE IM FLUG UND DIE ZWEI SKATEN, WAS DAS ZEUG HÄLT.

WÄHREND DIE BEIDEN ÜBER MÜLLEIMER HÜPFEN UND ÜBER BRETTER ROLLEN, KOMMT EIN MANN ZUR FUNDGRUBE. DER ARME WILL UMZIEHEN UND HAT ALLE SEINE MÖBEL UND SACHEN FÜR DIE MÖBELPACKER VOR DIE TÜR GESTELLT. ABER NUN HAT JEMAND DIE HÄLFTE SEINER MÖBEL GEKLAUT. ERSTAUNT SCHÜTTELT ER DEN KOPF.
ENDE!
UMZUGS-SERVICE
WO SIND DENN MEINE MÖBEL?

ALLES SPAGHETTI
VINCENT UND JOSHI IST WIEDER EINMAL LANGWEILIG. WAS KÖNNTEN DIE BEIDEN NUR TUN? NIEMAND IST ZU HAUSE, ALSO KÖNNTEN SIE IN DIE KÜCHE - DIE VERBOTENE ZONE!
KOMM, WIR KOCHEN SPAGHETTI MIT HACKFLEISCHBÄLLCHEN.
HMM, MEIN LIEBLINGSESSEN!
NOCH BESSER SCHMECKT'S, WENN MAN DIE NUDELN OHNE BESTECK ISST.
AU JA! DAS MACHEN WIR!

RUCK, ZUCK HOLT JOSHI ALLE ZUTATEN AUS DEN SCHRÄNKEN.
SPAGHETTI, TOMATEN, EINE ZWIEBEL UND NOCH EINIGE EI... **OH NEIN!**
PASTA
SCHWUPS! SCHON FLIEGT DAS ERSTE EI AUF DEN BODEN. VINCENT HÄLT SICH BEREITS DEN BAUCH VOR LACHEN. DAS KANN JA WAS WERDEN!

ALLE ZUTATEN DA! LOS GEHT'S.
ICH MACHE DIE SOSSE.
SCHÖN VIELE TOMATEN. FLATSCH!
WARTE, HIERMIT GEHT ES VIEL SCHNELLER!

UIII, EIN HACKFLEISCHBÄLLCHEN GEHT DANEBEN, ABER DAFÜR SCHWIMMEN SCHON GANZ VIELE IN DER SOSSE.

LECKER! DAS SIND DIE BESTEN SPAGHETTI ÜBERHAUPT.
SCHMATZ!!
HMMM LECKER!
SCHMATZ!!
SCHMATZ!!
SCHMATZ!!
VINCENT UND JOSHI ESSEN IHRE NUDELN MIT FLEISCHBÄLLCHEN UND SOSSE, WIE ABGEMACHT, OHNE BESTECK. DAS IST RICHTIG LECKER. JOSHI ISST SOGAR DIREKT AUS DEM KOCHTOPF. **ENDE!**

LESENACHT
Lesenacht!!
WAS? EINE LESENACHT? OH MANN, WARUM KÖNNEN WIR NICHTS COOLES MACHEN?
JA, ZUM BEISPIEL IN EINEN HOCHSEILGARTEN GEHEN ODER SKATEBOARD FAHREN.
ALLES IST BESSER ALS EINE NACHT IN DER SCHULE MIT BEDRUCKTEM PAPIER.

EINE LESENACHT IST LANGWEILIG. ABER ICH WEISS SCHON, WIE WIR ES SPANNENDER MACHEN KÖNNEN.
DAS BRAUCHEN WIR DAZU.
SCHWARZ
DAS SIEHT DOCH SCHON GUT AUS.

ZUSAMMEN MIT DEM LEHRER BEREITEN DIE KINDER DAS KLASSENZIMMER FÜR DIE GROSSE LESENACHT VOR.
KINDER, PACKT ALLE EURE BÜCHER AUS. UND ICH WILL KEINE CHIPSKRÜMEL AUF DEM BODEN!
WO SIND EIGENTLICH VINCENT UND JOSHI?
vincent & Joshi

VINCENT UND JOSHI BEREITEN SICH VOR. DOCH STATT DER BÜCHER HABEN SIE GANZ ANDERE SACHEN DABEI.
WO IST DENN NUR DER LICHTSCHALTER?
AH, JETZT!
KLICK!!

UHHH
UHHUUUUHUH
GRRRR
HERR LEHRER,
WAS IST DAS?
AHHHH!
MAMA!
BUHAHAHA!!
HIIIIILFE!
GRRRR

BUHAHAHA !!!!
BUHAHAHA HAHAH
ENDE

KÖPFCHEN, KÖPFCHEN

AUF IHREN SKATEBOARDS ROLLEN DIE ZWEI BESTEN FREUNDE VINCENT UND JOSHI ZUSAMMEN ZUR SCHULE. SIE WOLLEN GERADE DIE HAUPTSTRASSE ÜBERQUEREN, ALS EIN AUTO AUS DEM NICHTS ANGERAST KOMMT.

KRAWUMM!

VINCENT FLIEGT IN HOHEM BOGEN DURCH DIE LUFT.

KNACK!

JOSHI'S SKATEBOARD BRICHT ENTZWEI
UND
ER SCHLÄGT
SICH DAS KNIE AUF.

SKATE
ICH BIN SO RICHTIG SAUER! JEDEN TAG DAS GLEICHE. DIE AUTOS RASEN VÖLLIG RÜCKSICHTSLOS AN DER SCHULE VORBEI.

NUR KNAPP ENTGEHEN DIE BEIDEN FREUNDE EINER GEFÄHRLICHEN VERLETZUNG. JOSHI WEISS GAR NICHT, OB ER VOR WUT WEINEN ODER SICH EINFACH NUR ÄRGERN SOLL.
HM? WIR BRAUCHEN EINEN PLAN!
SCHON UNZÄHLIGE MALE HABEN DIE ZWEI SICH BEI DER SCHULE BESCHWERT. JETZT IST ES GENUG. WENN NIEMAND VON DEN ERWACHSENEN ETWAS UNTERNIMMT, DANN MÜSSEN SICH DIE BEIDEN ETWAS EINFALLEN LASSEN. ABER WAS?

ICH HABE EINE IDEE!
NUSCHEL, NUSCHEL, NUSCHEL.
MAL SEHEN, WAS JOSHI DAVON HÄLT.
JOSHI IST BEGEISTERT. DOCH BEVOR DIE BEIDEN STROLCHE SICH ANS WERK MACHEN KÖNNEN, MÜSSEN SIE WARTEN. DENN FÜR IHREN GENIALEN PLAN MUSS ES DRAUSSEN DUNKEL SEIN.
ENDLICH KÖNNEN DIE BEIDEN LOSLEGEN.

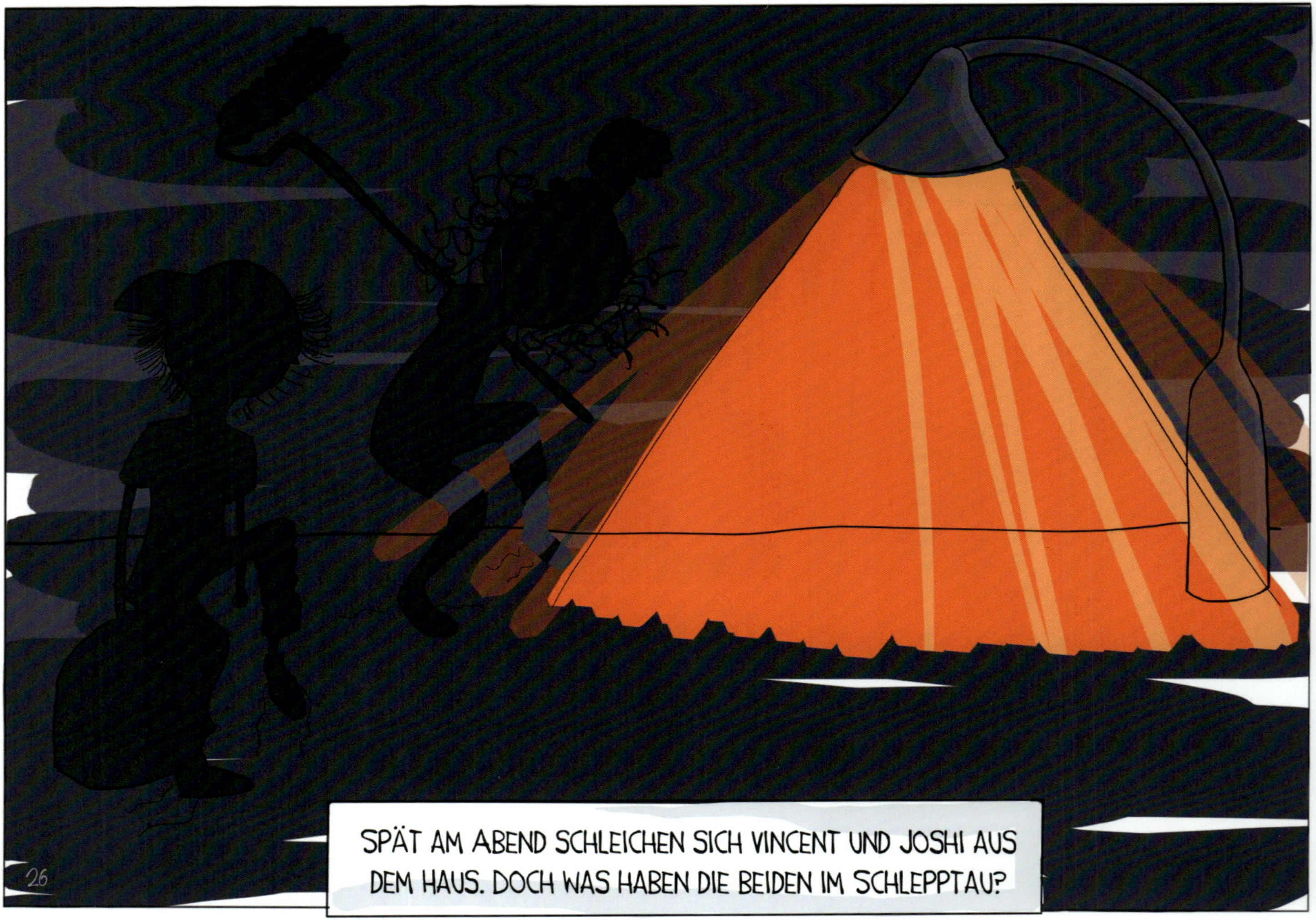
SPÄT AM ABEND SCHLEICHEN SICH VINCENT UND JOSHI AUS DEM HAUS. DOCH WAS HABEN DIE BEIDEN IM SCHLEPPTAU?

STREICHFARBE! VINCENT UND JOSHI STREICHEN EINFACH EINEN ZEBRASTREIFEN AUF DIE STRASSE. **PROBLEM GELÖST!** DABEI HABEN DIE ZWEI AUCH NOCH RIESIG VIEL SPASS, DENN **-FLATSCH!-** DIE FARBE SPRITZT ÜBERALL HIN. DER ZEBRASTREIFEN IST ETWAS KRUMM UND IHRE SKATEBOARDS UND SCHUHE HINTERLASSEN ÜBERALL LUSTIGE SPUREN.
ACHTUNG!!
FARBE
ENDE

BLUBBERBAD
skate
AN EINEM HEISSEN SOMMERTAG SIND VINCENT UND JOSHI IM SKATEPARK. ABER SCHON NACH KURZER ZEIT IST ES DEN BEIDEN ZU WARM.
ES IST SO HEISS, DA SCHMILZT JA DIE SCHOKOLADE IM KÜHLSCHRANK.
JA, ODER ES SCHMILZT GLEICH DER GANZE KÜHLSCHRANK.

IN DER
GLÜHENDEN HITZE
MACHEN SICH VINCENT
UND JOSHI AUF DEN WEG.
ZUM GLÜCK HAT JOSHI
EINEN POOL IM GARTEN.
DAS IST GENAU DIE
ABKÜHLUNG,
DIE DIE BEIDEN
JETZT BRAUCHEN.

BEIDE KÖNNEN ES KAUM
ERWARTEN, SICH IM WASSER
ABZUKÜHLEN. **RUCK, ZUCK**
HABEN SIE DAS HAUS ERREICHT
UND SIND **RATZ, FATZ**
FERTIG ZUM BADEN.

NUR SCHNELL DIE SCHWIMMTIERE AUFBLASEN UND LOS GEHT'S!
PERFEKT

WEISST DU, WAS JETZT NOCH RICHTIG GUT WÄRE?
NEIN, WAS?
SCHAUM!
SUPER WÄSCHE SCHAUM

SUPER WÄSCHE SCHAUM
PUFF, FLIEGT DAS WASCHMITTEL IN DIE LUFT UND VON DORT RIESELT ES IN DAS WASSER. DAS IST EIN RIESENSPASS FÜR VINCENT UND JOSHI!

JETZT IST ES PERFEKT! DER GANZE POOL UND DER GARTEN SIND **VOLLER** SCHAUM.
ENDE

DIESES ERSTE COMIC WIDME ICH MEINER MAMA, MEINEM PAPA, MEINEN ZWEI SCHWESTERN UND NATÜRLICH MORITZ & MARTIN. OHNE EUCH HÄTTE ICH NIE SO VIELE LUSTIGE IDEEN.

EIN WEITERES GROSSES DANKESCHÖN AN HELEN FÜRS FLEISSIGE LESEN UND FEHLERSUCHEN, AN DIE LIEBE MONI FÜR DIE HILFREICHEN TIPPS IN ALLEN LEBENSLAGEN UND EIN RIIIIIESEN DANKE AN ALL DIE KINDER, DIE JEDEN TAG SO VIELE LUSTIGE SACHEN MACHEN.

ISBN 978-3-033-08350-9

9 783033 083509 >

Auch als eBook erhältlich!

AUTOR: ISABELL SEIFERLING
UMSCHLAGGESTALTUNG: ISABELL SEIFERLING
LEKTORAT, KORREKTORAT: HELEN GYSIN
VERLAG: SELFPUBLISHED
DRUCK: WIRMACHENDRUCK.CH
1. AUFLAGE 2021

ISBN: 978-3-033-08350-9

MEHR VINCENT& JOSHI GIBT ES AUF WWW.VINCENTJOSHI.COM